www.ingramcontent.com/pod-product-compliance
Lightning Source LLC
LaVergne TN
LVHW021736071126
851857LV00040B/1326
9789369080557

درد کا افسانہ

شکیل بدایونی
کے منتخب فلمی نغمے

مرتبہ

اعجاز عبید

Dard Ka Afsana (Lyrical Poetry)
by: Shakeel Badayooni
Edition: July '2026
Publisher :
Taemeer Publications LLC (Michigan, USA / Hyderabad, India)

ISBN 978-93-6908-055-7

کتاب	:	**درد کا افسانہ** (فلمی نغمے)
مصنف	:	**شکیل بدایونی**
ترتیب / تہذیب	:	اعجاز عبید
صنف	:	شاعری
ناشر	:	تعمیر پبلی کیشنز (حیدرآباد، انڈیا)
سالِ اشاعت	:	۲۰۲۶ء
صفحات	:	۱۷۶
سرورق ڈیزائن	:	تعمیر ویب ڈیزائن

Distributed globally through IngramSpark
Printed on demand by Ingram Content Group through
regional printing facilities depending on order destination.

فہرست

مغل اعظم

موسیقار : نوشاد

آواز : لتا منگیشکر

راگ : کیدار

اے مرے مشکل کشا، فریاد ہے، فریاد ہے
آپ کے ہوتے ہوئے دنیا مری برباد ہے

بے کس پہ کرم کیجیے سرکار مدینہ
بے کس پہ کرم کیجیے
گردش میں ہے تقدیر بھنور میں ہے سفینہ
گردش میں ہے تقدیر بھنور میں ہے سفینہ
بے کس پہ کرم کیجیے سرکار مدینہ

بے کس پہ کرم کیجیے

ہے وقت مدد آئیے بگڑی کو بنانے
پوشیدہ نہیں آپ سے کچھ دل کے فسانے
زخموں سے بھرا ہے کسی مجبور کا سینا
بے کس پہ کرم کیجیے۔۔۔۔۔۔

چھائی ہے مصیبت کی گھٹا گیسوؤں والے، گیسوؤں والے
للہ مری ڈوبتی کشتی کو بچالے
طوفان کے آثار ہیں، دشوار ہے جینا
بے کس پہ کرم کیجیے۔۔۔۔۔۔

گردش میں ہے تقدیر بھنور میں ہے سفینہ
بے کس پہ کرم کیجیے سرکار مدینہ
بے کس پہ کرم کیجیے

***

آوازیں : لتا منگیشکر، ساتھی

انسان کسی سے دنیا میں اک بار محبت کرتا ہے
اس درد کو لے کر جیتا ہے، اس درد کو لے کر مرتا ہے
پیار کیا تو ڈرنا کیا جب پیار کیا تو ڈرنا کیا
پیار کیا کوئی چوری نہیں کی
پیار کیا
پیار کیا کوئی چوری نہیں کی
چھپ چھپ آہیں بھرنا کیا
جب پیار کیا تو ڈرنا کیا
پیار کیا تو ڈرنا کیا
جب پیار کیا تو ڈرنا کیا

آج کہیں گے دل کا فسانہ جان بھی لے لے چاہے زمانہ

آج کہیں گے دل کا فسانہ جان بھی لے لے چاہے زمانہ
موت وہی جو دنیا دیکھے
موت وہی جو دنیا دیکھے گھٹ گھٹ کر یوں مرنا کیا
جب پیار کیا تو ڈرنا کیا
پیار کیا تو ڈرنا کیا
جب پیار کیا تو ڈرنا کیا

ان کی تمنا دل میں رہے گی شمع اسی محفل میں رہے گی
ان کی تمنا دل میں رہے گی شمع اسی محفل میں رہے گی
عشق میں جینا عشق میں مرنا
عشق میں جینا عشق میں مرنا اور ہمیں اب کرنا کیا
جب پیار کیا تو ڈرنا کیا
پیار کیا تو ڈرنا کیا
جب پیار کیا تو ڈرنا کیا

چھپ نہ سکے گا عشق ہمارا چاروں طرف ہیں ان کا نظارہ

آ۔۔۔آ۔۔۔آ۔۔۔آ۔۔۔آ۔۔۔آ

چھپ نہ سکے گا عشق ہمارا چاروں طرف ہیں ان کا نظارہ

پردہ نہیں جب کوئی خدا سے

پردہ نہیں جب کوئی خدا سے بندوں سے پردہ کرنا کیا

جب پیار کیا تو ڈرنا کیا

پیار کیا تو ڈرنا کیا جب پیار کیا تو ڈرنا کیا

پیار کیا کوئی چوری نہیں کی

پیار کیا

پیار کیا کوئی چوری نہیں کی

چھپ چھپ آہیں بھرنا کیا

جب پیار کیا تو ڈرنا کیا

پیار کیا تو ڈرنا کیا

جب پیار کیا تو ڈرنا کیا

***

آوازیں : لتا منگیشکر، شمشاد بیگم، اور ساتی

آلاپ ۔۔

شمشاد : تری محفل میں قسمت آزما کر ہم بھی دیکھیں گے
گھڑی بھر کو ترے نزدیک آ کر ہم بھی دیکھیں گے
گھڑی بھر کو ترے نزدیک آ کر ہم بھی دیکھیں گے
اجی ہاں ہم بھی دیکھیں گے
اجی ہاں ہم بھی دیکھیں گے

لتا : تری محفل میں قسمت آزما کر ہم بھی دیکھیں گے
ترے قدموں پہ سر اپنا جھکا کر ہم بھی دیکھیں گے
ترے قدموں پہ سر اپنا جھکا کر ہم بھی دیکھیں گے
اجی ہاں ہم بھی دیکھیں گے
اجی ہاں ہم بھی دیکھیں گے

شمشاد : بہاریں آج پیغام محبت لے کے آئی ہیں
بڑی مدت میں امیدوں کی کلیاں مسکرائی ہیں
بڑی مدت میں اجی ہاں
آں۔۔۔۔
بڑی مدت میں امیدوں کی کلیاں مسکرائی ہیں
غم دل سے ذرا دامن بچا کر ہم بھی دیکھیں گے
غم دل سے ذرا دامن بچا کر ہم بھی دیکھیں گے
اجی ہاں ہم بھی دیکھیں گے

لتا : اگر دل غم سے خالی ہو تو جینے کا مزہ کیا ہے
نہ ہو خون جگر تو اشک پینے کا مزہ کیا ہے
نہ ہو خون جگر ہاں ہاں
آں۔۔۔۔۔
نہ ہو خون جگر تو اشک پینے کا مزہ کیا ہے

محبت میں ذرا آنسو بہا کر ہم بھی دیکھیں گے

محبت میں ذرا آنسو بہا کر ہم بھی دیکھیں گے

اجی ہاں ہم بھی دیکھیں گے

شمشاد : محبت کرنے والوں کا ہے بس اتنا ہی افسانہ

تڑپنا، چپکے چپکے آہ بھرنا، گھٹ کے مر جانا

تڑپنا چپکے چپکے ہاں

آں۔۔۔۔۔

تڑپنا چپکے چپکے آہ بھرنا گھٹ کے مر جانا

کسی دن یہ تماشہ مسکرا کر ہم بھی دیکھیں گے

کسی دن یہ تماشہ مسکرا کر ہم بھی دیکھیں گے

تری محفل میں قسمت آزما کر ہم بھی دیکھیں گے

اجی ہاں ہم بھی دیکھیں گے

لتا : محبت ہم نے مانا زندگی برباد کرتی ہے

یہ کیا کم ہے کہ مر جانے پہ دنیا یاد کرتی ہے

یہ کیا کم ہے اجی ہاں ہاں

آں۔۔۔۔

یہ کیا کم ہے کہ مر جانے پہ دنیا یاد کرتی ہے

کسی کے عشق میں دنیا لٹا کر ہم بھی دیکھیں گے

کسی کے عشق میں دنیا لٹا کر ہم بھی دیکھیں گے

تری محفل میں قسمت آزما کر ہم بھی دیکھیں گے

اجی ہاں ہم بھی دیکھیں گے

لتا : ترے قدموں پہ سر اپنا جھکا کر آ۔۔۔۔۔۔

شمشاد : گھڑی بھر کو ترے نزدیک آ کر آ۔۔۔۔۔۔

دونوں : تری محفل میں قسمت آزما کر ہم بھی دیکھیں گے

شمشاد : اجی ہاں ہم بھی دیکھیں گے

لتا : اجی ہاں ہم بھی دیکھیں گے

***

آوازیں : لتا منگیشکر اور ساتھی
راگ : جے جے ونتی

یہ دل کی لگی کم کیا ہوگی
یہ عشق بھلا کم کیا ہوگا
جب رات ہے ایسی متوالی
جب رات ہے ایسی متوالی
پھر صبح کا عالم کیا ہوگا
پھر صبح کا عالم کیا ہوگا

نغموں سے برستی ہے مستی
چھلکے ہیں خوشی کے پیمانے
چھلکے ہیں خوشی کے پیمانے
آج ایسی بہاریں آئی ہیں
کل جن کے بنیں گے افسانے

کل جن کے بنیں گے افسانے

اب اس سے زیادہ اور حسیں یہ پیار کا موسم کیا ہوگا

اب اس سے زیادہ اور حسیں یہ پیار کا موسم کیا ہوگا

جب رات ہے ایسی متوالی

پھر صبح کا عالم کیا ہوگا

پھر صبح کا عالم کیا ہوگا

یہ آج کا رنگ اور یہ محفل

دل بھی ہے یہاں دل دار بھی ہے

دل بھی ہے یہاں دل دار بھی ہے

آنکھوں میں قیامت کے جلوے

سینہ میں سلگتا پیار بھی ہے

سینہ میں سلگتا پیار بھی ہے

اس رنگ میں کوئی جی لے اگر مرنے کا اسے غم کیا ہوگا

اس رنگ میں کوئی جی لے اگر مرنے کا اسے غم کیا ہوگا

جب رات ہے ایسی متوالی

پھر صبح کا عالم کیا ہوگا
پھر صبح کا عالم کیا ہوگا

حالت ہے عجب دیوانوں کی
اب خیر نہیں پروانوں کی
اب خیر نہیں پروانوں کی
انجام محبت کیا کہیئے
لے بڑھنے لگی ارمانوں کی
لے بڑھنے لگی ارمانوں کی
ایسے میں جو پائل ٹوٹ گئی پھر اے میرے ہمدم کیا ہوگا
ایسے میں جو پائل ٹوٹ گئی پھر اے میرے ہمدم کیا ہوگا
جب رات ہے ایسی متوالی
جب رات ہے ایسی متوالی
پھر صبح کا عالم کیا ہوگا
پھر صبح کا عالم کیا ہوگا

***

راگ : درباری کانڑا
آواز : لتا منگیشکر

محبت کی جھوٹی کہانی پہ روئے
بڑی چوٹ کھائی جوانی پہ روئے
جوانی پہ روئے
محبت کی جھوٹی کہانی پہ روئے
کہانی پہ روئے

نہ سوچا نہ سمجھا، نہ دیکھا نہ بھالا
تری آرزو نے، ہمیں مار ڈالا
ترے پیار کی مہربانی پہ روئے، روئے
محبت کی جھوٹی کہانی پہ روئے
کہانی پہ روئے

بڑی چوٹ کھائی جوانی پہ روئے

جوانی پہ روئے

خبر کیا تھی ہونٹوں کو سینا پڑے گا

محبت چھپا کے بھی، جینا پڑے گا

جیے تو مگر زندگانی پہ روئے، روئے

محبت کی جھوٹی کہانی پہ روئے

کہانی پہ روئے

بڑی چوٹ کھائی جوانی پہ روئے

جوانی پہ روئے

***

آواز: لتا منگیشکر

ہمیں کاش تم سے محبت نہ ہوتی
کہانی ہماری حقیقت نہ ہوتی
ہمیں کاش تم سے محبت نہ ہوتی

نہ دل تم کو دیتے نہ مجبور ہوتے
نہ دنیا نہ دنیا کے دستور ہوتے
قیامت سے پہلے قیامت نہ ہوتی
ہمیں کاش تم سے محبت نہ ہوتی

ہمیں بڑھ گئے عشق میں حد سے آگے
زمانے نے ٹھوکر لگائی تو جاگے
اگر مر بھی جاتے تو حیرت نہ ہوتی
ہمیں کاش تم سے محبت نہ ہوتی

تمہیں پھونک دیتے نشیمن ہمارا

محبت پہ احسان ہوتا تمہارا

زمانہ سے کوئی شکایت نہ ہوتی

ہمیں کاش تم سے محبت نہ ہوتی

***

میرے محبوب

موسیقار : نوشاد

آواز : محمد رفیع

اے حسن ذرا جاگ تجھے عشق جگائے
بدلے مری تقدیر جو تو ہوش میں آئے
بدلے مری تقدیر جو تو ہوش میں آئے
اے حسن ذرا جاگ تجھے عشق جگائے

یہ پیار کے نغمے یہ محبت کے ترانے
تجھ کو بڑے ارمان سے لایا ہوں سنانے
امید مرے دل کی کہیں ٹوٹ نہ جائے

اے حسن ذرا جاگ تجھے عشق جگائے

سازِ دل خاموش میں ایک سوز جگا دے
تو بھی مری آواز میں آواز ملا دے
آیا ہوں، ترے در پہ بڑی آس لگائے
اے حسن ذرا جاگ تجھے عشق جگائے

اے شمع تو آ جا ذرا چلمن سے نکل کے
حسرت ہے کہ رہ جاؤں تری آگ میں جل کے
پروانہ وہ کیا تجھ پہ جو مٹ کر نہ دکھائے
اے حسن ذرا جاگ تجھے عشق جگائے
***

آواز : محمد رفیع

یاد میں تیری جاگ جاگ کے ہم
رات بھر کروٹیں بدلتے ہیں
ہر گھڑی دل میں تیری الفت کے
دھیمے دھیمے چراغ جلتے ہیں

جب سے تو نے نگاہ پھیری ہے
دن ہے سونا تو رات اندھیری ہے
چاند بھی اب نظر نہیں آتا
اب ستارے بھی کم نکلتے ہیں
یاد میں تیری جاگ جاگ کے ہم
رات بھر کروٹیں بدلتے ہیں

لٹ گئی وہ بہار کی محفل
چھٹ گئی ہم سے پیار کی منزل
زندگی کی اداس راہوں میں
تیری یادوں کے ساتھ چلتے ہیں
یاد میں تیری جاگ جاگ کے ہم
رات بھر کروٹیں بدلتے ہیں

تجھ کو پا کر ہمیں بہار ملی
تجھ سے چھٹ کر مگر یہ بات کھلی
باغباں ہی چمن کے پھولوں کو
اپنے پیروں سے خود مسلتے ہیں
یاد میں تیری جاگ جاگ کے ہم
رات بھر کروٹیں بدلتے ہیں

کیا کہیں تجھ سے کیوں ہوئی دوری
ہم سمجھتے ہیں اپنی مجبوری
تجھ کو معلوم کیا کہ تیرے لئے
دل کے غم آنسوؤں میں ڈھلتے ہیں
یاد میں تیری جاگ جاگ کے ہم
رات بھر کروٹیں بدلتے ہیں
***

آواز: محمد رفیع

آج فرقت کا خواب ٹوٹ گیا
مل گئے تم حجاب ٹوٹ گیا

تم سے اظہار حال کر بیٹھے
بے خودی میں کمال کر بیٹھے
تم سے اظہار حال کر بیٹھے

کھو گئے حسن کی بہاروں میں
کہہ دیا راز دل اشاروں میں
کام ہم بے مثال کر بیٹھے
بے خودی میں کمال کر بیٹھے
تم سے اظہار حال کر بیٹھے

کتنے مجبور ہو گئے دل سے

سوچے سمجھے بغیر قاتل سے

زندگی کا سوال کر بیٹھے

بے خودی میں کمال کر بیٹھے

تم سے اظہارِ حال کر بیٹھے

یہ ادائیں یہ شوخیاں توبہ!

بس خدا ہی خدا ہے اس دل کا

جو تمہارا خیال کر بیٹھے

بے خودی میں کمال کر بیٹھے

تم سے اظہارِ حال کر بیٹھے

***

آوازیں : لتا منگیشکر، آشا بھوسلے

لتا : مرے محبوب میں کیا نہیں، کیا نہیں
مرے محبوب میں کیا نہیں
وہ تو لاکھوں میں ہے اک حسیں
وہ تو لاکھوں میں ہے اک حسیں، اک حسیں
مرے محبوب میں کیا نہیں

آشا : مرے محبوب میں کیا نہیں، کیا نہیں
مرے محبوب میں کیا نہیں
بھولی صورت، ادا نازنیں
بھولی صورت، ادا نازنیں، نازنیں
مرے محبوب میں کیا نہیں، کیا نہیں
مرے محبوب میں کیا نہیں

لتا : آ۔۔۔
مرا محبوب اک چاند ہے

حسن اپنا نکھارے ہوئے

آشا : آ۔۔۔

لتا : آسماں کا فرشتہ ہے وہ

روپ انسان کا دھارے ہوئے

آشا : آ۔۔۔

لتا : رشک جنت ہے وہ مہ جبیں

رشک جنت ہے وہ مہ جبیں، مہ جبیں

مرے محبوب میں کیا نہیں، کیا نہیں

آشا : آ

ماہ وا نجم ہو یا کہکشاں

سب سے پیارا ہے میرا صنم

لتا : آ

آشا : اس کے جلووں میں ہے وہ اثر

ہوش اڑ جائیں اللہ قسم

لتا : آ

آشا : دیکھ لے گر اسے تو کہیں

دیکھ لے گر اسے تو کہیں، تو کہیں

مرے محبوب میں کیا نہیں، کیا نہیں

مرے محبوب میں کیا نہیں

لتا : مرا محبوب ہے جانِ من

سرو قد، ماہ رو، گلبدن

آشا : میرا دلبر ہے ایسا جوان

ہو بہاروں میں جیسے چمن

لتا : اس کی چالوں میں ایسی لچک

جیسے پھولوں کی ڈالی ہلے

آشا : اس کی آواز میں وہ کھنک

جیسے شیشے سے شیشہ ملے

اس کے انداز ہیں دل نشیں

دونوں : بھولی صورت ادا نازنیں، نازنیں

مرے محبوب میں کیا نہیں، کیا نہیں

مرے محبوب میں کیا نہیں

آشا : ترے افسانوں میں میری جاں

ہے جھلک میرے افسانوں کی

لتا : داستانیں ہیں ملتی ہوئی

اللہ ہم دونوں پروانوں

دونوں : پروانوں کی

دونوں : ایک ہی شمع ہو نہ کہیں

وہ تو لاکھوں میں ہے اک حسیں، اک حسیں

مرے محبوب میں کیا نہیں، کیا نہیں

مرے محبوب میں کیا نہیں

***

راگ جھنجھوٹی

میرے محبوب تجھے میری محبت کی قسم
پھر مجھے نرگسی آنکھوں کا سہارا دے دے
میرا کھویا ہوا رنگین نظارہ دے دے
میرے محبوب تجھے میری محبت کی قسم
میرے محبوب۔۔۔۔

بھول سکتی نہیں آنکھیں وہ سہانا منظر
جب ترا حسن مرے عشق سے ٹکرایا تھا
اور پھر راہ میں بکھرے تھے ہزاروں نغمے
میں وہ نغمے تری آواز کو دے آیا تھا
سازِ دل کو انہیں گیتوں کا سہارا دے دے

میرا کھویا ہوا رنگین نظارہ دے دے
میرے محبوب۔۔۔

یاد ہے مجھ کو مری عمر کی پہلی وہ گھڑی
تیری آنکھوں سے کوئی جام پیا تھا میں نے
میری رگ رگ میں کوئی برق سی لہرائی تھی
جب ترے مرمریں ہاتھوں کو چھوا تھا میں نے
آ مجھے پھر انہیں ہاتھوں کا سہارا دے دے
میرا کھویا ہوا رنگیں نظارہ دے دے
میرے محبوب۔۔۔

میں نے اک بار تری ایک جھلک دیکھی ہے
میری حسرت ہے کہ میں پھر ترا دیدار کروں
تیرے سائے کو سمجھ کر میں حسیں تاج محل
چاندنی رات میں نظروں سے تجھے پیار کروں

اپنی مہکی ہوئی زلفوں کا سہارا دے دے
میرا کھویا ہوا رنگین نظارہ دے دے
میرے محبوب۔۔۔

ڈھونڈتا ہوں تجھے ہر راہ میں ہر محفل میں
تھک گئے ہیں مرے مجبور تمنا کے قدم
آج کا دن مری امید کا ہے آخری دن
کل نہ جانے میں کہاں اور کہاں تو ہو صنم
دو گھڑی اپنی نگاہوں کا سہارا دے دے
میرا کھویا ہوا رنگین نظارہ دے دے
میرے محبوب۔۔۔۔

سامنے آ کے ذرا پردہ اٹھا دے رخ سے
اک یہی میرا علاج غم تنہائی ہے
تیری فرقت نے پریشان کیا ہے مجھ کو

اب تو مل جاکہ مری جان پہ بن آئی ہے

دل کو بھولی ہوئی یادوں کا سہارا دے دے

میرا کھویا ہوا رنگین نظارہ دے دے

میرے محبوب تجھے میری محبت کی قسم

میرے محبوب۔۔۔۔

اے میرے خواب کی تعبیر میری جان غزل

زندگی میری تجھے یاد کیے جاتی ہے

رات دن مجھ کو ستاتا ہے تصور تیرا

دل کی دھڑکن تجھے آواز دیئے جاتی ہے

آ مجھے اپنی صداؤں کا سہارا دے دے

میرا کھویا ہوا رنگین نظارا دے دے

میرے محبوب۔۔۔۔۔۔

***

آن

موسیقار : نوشاد

آواز : محمد رفیع

دل میں چھپا کے پیار کا طوفان لے چلے
ہم آج اپنی موت کا سامان لے چلے
موت کا سامان لے چلے
دل میں چھپا کے پیار کا طوفان لے چلے

آہاہا۔۔۔۔
مٹتا ہے کون دیکھیے الفت کی راہ میں
ہو۔۔۔۔

الفت کی راہ میں

وہ لے چلے ہے آن تو ہم جان لے چلے

موت کا سامان لے چلے

دل میں چھپا کے پیار کا طوفان لے چلے

آہا۔۔۔۔

منزل پہ ہوگا فیصلہ قسمت کے کھیل کا

کر دے جو دل کا خون وہ مہمان لے چلے

موت کا سامان لے چلے

دل میں چھپا کے پیار کا طوفان لے چلے

***

آواز: لتا منگیشکر

تجھے کھو دیا ہم نے پانے کے بعد
تیری یاد آئی
تیرے جانے کے بعد
تیری یاد آئی
تیری یاد آئی
جانے کے بعد تیری یاد آئی

ملا تھا نہ جب تک جدائی کا غم
محبت کا مطلب نہ سمجھے تھے ہم
تڑپنے لگے، تیر کھانے کے بعد
تجھے کھو دیا ہم نے پانے کے بعد
تیری یاد آئی
تیری یاد آئی
جانے کے بعد تیری یاد آئی

نگاہوں میں اب تو سمانے لگا
تیرا نام ہونٹوں پہ آنے لگا
ہوئے ہم ترے ایک زمانے کے بعد
تیری یاد آئی
تیری یاد آئی
جانے کے بعد تیری یاد آئی

محبت ملی اور تو کھو گیا
بدلتے ہی قسمت یہ کیا ہو گیا
خوشی چھن گئی، دل لگانے کے بعد
تیری یاد آئی
تیری یاد آئی
جانے کے بعد تیری یاد آئی
***

آواز : محمد رفیع

مان مرا احسان ارے نادان کہ میں نے
تجھ سے کیا ہے پیار
میں نے تجھ سے کیا ہے پیار
میری نظر کی دھوپ نہ بھرتی روپ تو ہوتا
حسن تیرا بیکار
میں نے تجھ سے کیا ہے پیار
مان مرا احسان ارے نادان کہ میں نے

الفت نہ سہی نفرت ہی سہی
ہو۔۔۔۔
الفت نہ سہی نفرت ہی سہی

اس کو بھی محبت کہتے ہیں
تو لاکھ چھپائے بھید مگر ہم
دل میں سمائے رہتے ہیں
تیرے بھی دل میں آگ
اٹھی ہے جاگ
زباں سے چاہے نہ کر اقرار
میں نے تجھ سے کیا ہے پیار
میری نظر کی دھوپ نہ بھرتی روپ تو ہوتا
حسن تیرا بیکار
میں نے تجھ سے کیا ہے پیار
مان مرا احسان ارے نادان کہ میں نے

اپنا نہ بنا لوں تجھ کو اگر
اک روز تو میرا نام نہیں
پتھر کا جگر پانی کر دوں

یہ تو کوئی مشکل کام نہیں
چھوڑ دے اب یہ کھیل
تو کر لے میل
مرے سنگ مان لے اپنی ہار
میں نے تجھ سے کیا ہے پیار
میری نظر کی دھوپ نہ بھرتی روپ تو ہوتا
حسن تیرا بیکار
میں نے تجھ سے کیا ہے پیار
***

آوازیں : محمد رفیع، شمشاد بیگم

محبت چومے جن کے ہات

جوانی پاؤں پڑے دن رات

مری جاں ہائے

سنے پھر، ہائے ، سنے پھر ہائے وہ کس کی بات

آ، آ آ

ایک تو سندر مکھڑاان کا اس پر لاکھ ادائیں

ہم اپنے دل کو کہاں لے جائیں

اکیلے دور کھڑے للچائیں

چاند ستارے اے

چاند ستارے ، مست نظارے سب ہیں انہیں کے ساتھ

محبت چومے جن کے ہاتھ

شمشاد بیگم : محبت چومے جن کے ہات

جوانی پاؤں پڑے دن رات

مری جاں ہائے

سنے پھر، ہائے ، سنے پھر ہائے وہ کس کی بات

رفیع : روپ نگر سے آ کر چندا ان کا روپ چرائے

میرا من دیکھ دیکھ رہ جائے

بھلا یہ بات مجھے کیوں بھائے

نینوں میں ان کی آئے

نینوں میں ان کے کاجل بن کے

رہے سہانی رات

محبت چومے جن کے ہات

***

امر

موسیقار : نوشاد

آواز : لتا منگیشکر

راگ : کلیان

جانے والے سے ملاقات نہ ہونے پائی

جانے والے سے ملاقات نہ ہونے پائی

دل کی دل میں ہی رہی بات نہ ہونے پائی

جانے والے سے ملاقات نہ ہونے پائی

جانے والے سے ۔۔۔۔۔۔

چاندنی کھل نہ سکی، چاند نے منہ موڑ لیا

چاندنی کھل نہ سکی، چاند نے منہ موڑ لیا

جس کا ارمان تھا وہ بات نہ ہونے پائی

جانے والے سے ملاقات نہ ہونے پائی

جانے والے سے۔۔۔۔۔۔

دل میں طوفان اٹھے، دل کی زباں کھل نہ سکی

دل میں طوفان اٹھے، دل کی زباں کھل نہ سکی

بدلیاں چھا گئیں برسات نہ ہونے پائی

جانے والے سے ملاقات نہ ہونے پائی

جانے والے سے۔۔۔۔۔۔

***

آواز: لتا منگیشکر

ہوو۔۔۔

تمنا لٹ گئی پھر بھی ترے دم سے محبت ہے

مبارک غیر کو خوشیاں مجھے غم سے محبت ہے

نہ ملتا غم تو بربادی کے افسانے کہاں جاتے

نہ ملتا غم تو بربادی کے افسانے کہاں جاتے

اگر دنیا چمن ہوتی، تو ویرانے کہاں جاتے

تو ویرانے کہاں جاتے

نہ ملتا غم تو بربادی کے افسانے کہاں جاتے

چلو اچھا ہوا اپنوں میں کوئی غیر تو نکلا

جی، کوئی غیر تو نکلا

اگر ہوتے سبھی اپنے، تو بیگانے کہاں جاتے

نہ ملتا غم تو بربادی کے افسانے کہاں جاتے
اگر دنیا چمن ہوتی، تو ویرانے کہاں جاتے

دعائیں دو محبت ہم نے مٹ کر تم کو سکھلا دی
محبت تم کو سکھلا دی
نہ جلتی شمع محفل میں تو پروانے کہاں جاتے
نہ ملتا غم تو بربادی کے افسانے کہاں جاتے
اگر دنیا چمن ہوتی، تو ویرانے کہاں جاتے

تمہیں نے غم کی دولت دی بڑا احسان فرمایا،
بڑا احسان فرمایا
زمانے بھر کے آگے ہاتھ پھیلانے کہاں جاتے
نہ ملتا غم تو بربادی کے افسانے کہاں جاتے
اگر دنیا چمن ہوتی، تو ویرانے کہاں جاتے

***

انوکھی ادا

موسیقار : نوشاد

آواز : مکیش

بھولنے والے یاد نہ آ

بھولنے والے یاد نہ آ

دیکھ ہمیں مجبور نہ کر

تجھ کو قسم دکھ دور نہ کر

ہم تو جیے بس تیرے لئے

تو نے کچھ ایسے رنج دئیے

ٹھیس لگی دل ٹوٹ گیا

بھولنے والے یاد نہ آ

بھولنے والے یاد نہ آ

ہائے وفا ناکام ہوئی

صبح کے بدلے شام ہوئی

پھول خوشی کے کھل نہ سکے

آنکھ ملی دل مل نہ سکے

دیکھ لیا انجام وفا

بھولنے والے یاد نہ آ

بھولنے والے یاد نہ آ

دل سے مٹا الفت کا نشاں

تجھ سے ہمارا پیار کہاں

پیار کا ناتا توڑ یہیں

گیت ادھورا چھوڑ یہیں

میں بھی نہ گاؤں تو بھی نہ گا

بھولنے والے یاد نہ آ

بھولنے والے یاد نہ آ

***

آواز : مکیش

راگ : درباری کانڑا

کبھی دل دل سے ٹکراتا تو ہوگا
کبھی دل دل سے ٹکراتا تو ہوگا
انہیں میرا،
انہیں میرا
انہیں میرا خیال آتا تو ہوگا

نہ رکتے ہوں گے جب آنکھوں میں آنسو
نہ رکتے ہوں گے جب آنکھوں میں آنسو
آنکھوں میں آنسو
تو پیمانہ
تو پیمانہ چھلک جاتا تو ہوگا

انہیں میرا،

انہیں میرا

انہیں میرا خیال آتا تو ہوگا

وہ پا لیتے تو ہوں گے دل پہ قابو، دل پہ قابو

وہ پا لیتے تو ہوں گے دل پہ قابو، دل پہ قابو

انہیں یہ بھی

انہیں یہ بھی

انہیں یہ بھی کمال آتا تو ہوگا

کبھی دل۔۔۔۔۔۔

***

بابل

موسیقار : نوشاد

آوازیں : طلعت محمود، شمشاد

راگ : درباری کانڑا

شمشاد : دنیا بدل گئی، میری دنیا بدل گئی،
دنیا بدل گئی
ٹکڑے ہوئے ہیں دل کے کلی دل کی جل گئی
دنیا بدل گئی

طلعت : دنیا بدل گئی، میری دنیا بدل گئی،
دنیا بدل گئی

ایسی چلی ہوا کہ خوشی دکھ میں ڈھل گئی
دنیا بدل گئی

شمشاد : دل خاک ہو گیا یہ کسی کو خبر نہیں
دل خاک ہو گیا یہ کسی کو خبر نہیں
سب یہ سمجھ رہے ہیں کہ ارماں نکل گئی
دنیا بدل گئی

طلعت : برباد ہو گیا میری امید کا چمن
برباد ہو گیا میری امید کا چمن
جس ڈال پر کیا تھا بسیرا وہ جل گئی
دنیا بدل گئی
***

آوازیں : طلعت محمود، شمشاد

طلعت : ملتے ہی آنکھیں دل ہوا دیوانہ کسی کا

شمشاد : ملتے ہی آنکھیں دل ہوا دیوانہ کسی کا

طلعت : افسانہ میرا بن گیا، افسانہ کسی کا

شمشاد : افسانہ میرا بن گیا، افسانہ کسی کا

طلعت : پوچھو نہ محبت کا اثر، ہائے نہ پوچھو

ہائے نہ پوچھو

شمشاد : پوچھو نہ محبت کا اثر، ہائے نہ پوچھو

ہائے نہ پوچھو

طلعت : دم بھر میں کوئی ہو گیا پروانہ کسی کا

شمشاد : دم بھر میں کوئی ہو گیا پروانہ کسی کا

دونوں : افسانہ میرا بن گیا، افسانہ کسی کا

ملتے ہی آنکھیں دل ہوا دیوانہ کسی کا

طلعت : ہنستے ہی نا آجائیں کہیں، آنکھوں میں آنسو
آنکھوں میں آنسو
شمشاد : ہنستے ہی نہ آجائیں کہیں، آنکھوں میں آنسو
آنکھوں میں آنسو
طلعت : بھرتے ہی چھلک جائے نہ پیمانہ کسی کا
شمشاد : بھرتے ہی چھلک جائے نہ پیمانہ کسی کا
دونوں : افسانہ میرا بن گیا، افسانہ کسی کا
***

آواز : طلعت محمود

خوشی کے ساتھ دنیا میں، ہزاروں غم بھی ہوتے ہیں
جہاں بجتی ہیں شہنائی، وہاں ماتم بھی ہوتے ہیں

میرا جیون ساتھی بچھڑ گیا، لو ختم کہانی ہو گئی
ختم کہانی ہو گئی

قسمت نے کیے جو دل پہ ستم
دو چاہنے والے مل نہ سکے
قسمت نے کیے جو دل پہ ستم
دو چاہنے والے مل نہ سکے
کہنے کو بہار آئی تھی مگر
دو پھول خوشی کے کھل نہ سکے
ارمانوں کا گلشن اجڑ گیا

برباد جوانی ہو گئی
ختم کہانی ہو گئی

دل دے کے یہاں سب ہار گئے
دنیا میں کسی کی جیت کہاں
دل دے کے یہاں سب ہار گئے
دنیا میں کسی کی جیت کہاں
ہونٹوں پہ ہیں شکوے قسمت کے
وہ پیار بھرے اب گیت کہاں
جب کھیل ہی دل کا بگڑ گیا
ہر بات پرانی ہو گئی
لو ختم کہانی ہو گئی
میرا جیون ساتھی بچھڑ گیا، لو ختم کہانی ہو گئی
ختم کہانی ہو گئی
***

بیجو باؤرا

موسیقار : نوشاد
آواز : لتا منگیشکر
راگ : مند

بچپن کی محبت کو دل سے نہ جدا کرنا
بچپن کی محبت کو دل سے نہ جدا کرنا
جب یاد مری آئے ملنے کی دعا کرنا
بچپن کی محبت کو دل سے نہ جدا کرنا
جب یاد میری آئے ملنے کی دعا کرنا

گھر میری امیدوں کا سونا کیئے جاتے ہو

دنیائے محبت کو لوٹے لیے جاتے ہو
جو غم دیے، جاتے ہو اس غم کی دعا کرنا
بچپن کی محبت کو دل سے نہ جدا کرنا
جب یاد مری آئے۔۔۔۔۔۔

ساون میں پپیہے کا سنگیت سناؤں گی
فریاد تجھے اپنی گا گا کے سناؤں گی
آواز مری سن کے دل تھام لیا کرنا
بچپن کی محبت کو دل سے نہ جدا کرنا
جب یاد مری آئے۔۔۔۔۔۔

***

آوازیں : لتا منگیشکر، شمشاد بیگم

دور کوئی گائے ، دھن یہ سنائے

تیرے بن چھلیا رے باجے نہ مرلیا

من کے اندر رہو پیار کی اگنی

ہو من کے اندر پیار کی اگنی

نینا کھوئے کھوئے کہ ہائے راما نینا کھوئے کھوئے

ابھی سے ہے یہ حال تو آگے

رام جانے کیا ہوئے

نیند نہیں آئے برہا ستائے

تیرے بن چھلیا رے باجے نہ مرلیا

مورے انگنا لاج کا پہرہ پاؤں پڑی زنجیر

کہ ہائے راما پانوں پڑی زنجیر

یاد کسی کی جب جب آئے

لاگے جیا پہ تیر

کہ ہائے راما لگے جیا پہ تیر

آنکھ بھر آئے جل برسائے

تیرے بن چھلیا رے باجے نہ مرلیا

***

آوازیں : محمد رفیع، لتا منگیشکر

راگ : بھیرویں

اکیلی مت جئیو رادھے جمنا کے تیر

ہو جی ہو

تو گنگا کی موج میں جمنا کا دھارا

تو گنگا کی موج میں جمنا کا دھارا

ہو رہے گا ملن ، یہ ہمارا

ہو یہ ہمارا تمہارا رہے گا ملن

یہ ہمارا تمہارا

اگر تو ہے ساگر تو منجدھار میں ہوں ، منجدھار میں ہوں ،

ترے دل کی کشتی کا پتوار میں ہوں ، پتوار میں ہوں ،

چلے گی اکیلے نہ تم سے یہ نیا ، نہ تم سے یہ نیا

ملیں گی نہ منزل تمہیں بن کھویا، تمہیں بن کھویا
چلے آؤ جی، چلے آؤ جی
چلے آؤ موجوں کا لے کر سہارا، ہو رہے گا ملن

یہ ہمارا، ہو۔۔۔

یہ ہمارا تمہارا رہے گا ملن، یہ ہمارا تمہارا

بھلا کیسے ٹوٹیں گے بندھن یہ دل کے، بندھن یہ دل کے
بچھڑتی نہیں موج سے موج مل کے، ہاں موج مل کے
چھپو گے بھنور میں تو چھپنے نہ دیں گے، تو چھپنے نہ دیں گے
ڈبو دیں گے نیا تمہیں ڈھونڈھ لیں گے
بنائیں گے ہم، بنائیں گے ہم
بنائیں گے طوفاں کو لے کر کنارا، ہو رہے گا ملن

یہ ہمارا، ہو۔۔۔

یہ ہمارا تمہارا رہے گا ملن، یہ ہمارا تمہارا
***

آواز : محمد رفیع

راگ : درباری کانڑا

بھگوان، بھگوان ۔۔۔۔۔۔ بھگوان

او دنیا کے رکھوالے، سن درد بھرے مرے نالے

سن درد بھرے مرے نالے

آش نراش کے دو رنگوں سے، دنیا تو نے سجائی

نیا سنگ طوفان بنایا، ملن کے ساتھ جدائی

جا دیکھ لیا ہرجائی

ہو۔۔۔۔۔۔ لٹ گئی میرے پیار کی نگری

اب تو نیر بہا لے

اب تو نیر بہا لے

ہو۔۔۔۔۔۔ اب تو نیر بہا لے، و دنیا کے رکھوالے۔۔۔۔۔

آگ بنی ساون کی برسا، پھول بنے انگارے

ناگن بن گئی رات سہانی، پتھر بن گئے تارے

سب ٹوٹ چکے ہیں سہارے،

ہو۔۔۔۔۔۔ جیون اپنا واپس لے لے

جیون دینے والے،

او دنیا کے رکھوالے۔۔۔۔۔

چاند کو ڈھونڈھے پاگل سورج، شام کو ڈھونڈھے سویرا

میں بھی ڈھونڈھوں اس پریتم کو، ہو نہ سکا جو میرا

بھگوان بھلا ہو تیرا،

ہو۔۔۔۔۔۔ قسمت پھوٹی آس نہ ٹوٹی

پاؤں میں پڑ گئے چھالے، و دنیا کے رکھوالے۔۔۔۔۔

محل اداس اور گلیاں سونی، چپ چپ ہیں دیواریں

دل کیا اجڑا دنیا اجڑی، روٹھ گئی ہیں بہاریں

ہم جیون کیسے گزاریں،
ہو۔۔۔۔۔۔ مندر گرتا پھر بن جاتا
دل کو کون سنبھالے،
دل کو کون سنبھالے،
دل کو کون سنبھالے،
او دنیا کے رکھوالے۔۔۔۔۔۔
و دنیا کے رکھوالے
رکھوالے
رکھوالے
رکھوالے۔۔۔۔۔۔
***

بیس سال بعد

موسیقار : ہیمنت کمار

آواز : ہیمنت کمار

بے قرار کر کے ہمیں یوں نہ جائیے
آپ کو ہماری قسم لوٹ آئیے
آپ کو ہماری قسم لوٹ آئیے

دیکھیے وہ کالی کالی بدلیاں
زلف کی گھٹا چرا نہ لیں کہیں
چوری چوری آ کے شوخ بجلیاں
آپ کی ادا چرا نہ لیں کہیں

یوں قدم اکیلے نہ آگے بڑھائیے
آپ کو ہماری قسم لوٹ آئیے

دیکھیے گلاب کی وہ ڈالیاں
بڑھ کے چوم لیں نہ آپ کے قدم
دیکھیے گلاب کی وہ ڈالیاں
بڑھ کے چوم لیں نہ آپ کے قدم
کھوئے کھوئے بھونرے بھی ہیں باغ میں
کوئی آپ کو بنا نہ لے صنم
بہکی بہکی نظروں سے خود کو بچائیے
آپ کو ہماری قسم لوٹ آئیے

زندگی کے راستے عجیب ہیں
ان میں اس طرح چلا نہ کیجیے
خیر ہے اسی میں آپ کی حضور

اپنا کوئی ساتھی ڈھونڈھ لیجیے
سن کے دل کی بات نہ مسکرائیے
آپ کو ہماری قسم لوٹ آئیے
بے قرار کر کے ہمیں یوں نہ جائیے
آپ کو ہماری قسم لوٹ آئیے
***

آواز : ہیمنت کمار

ذرا نظروں سے کہہ دو جی نشانہ چوک نہ جائے
ذرا نظروں سے کہہ دو جی
ذرا نظروں سے کہہ دو جی نشانہ چوک نہ جائے
مزہ جب ہے تمہاری ہر ادا قاتل ہی کہلائے
ذرا نظروں سے کہہ دو جی

قاتل تمہیں پکاروں کہ جان وفا کہوں
حیرت میں پڑ گیا ہوں، کہ میں تم کو کیا کہوں
زمانا ہے تمہارا
زمانا ہے تمہارا چاہے جس کی زندگی لے لو
اگر میرا کہا مانو تو ایسے کھیل نہ کھیلو
تمہاری اس شرارت سے نہ جانے کس کی موت آئے

ذرا نظروں سے کہہ دو جی

ہائے، کتنی معصوم لگ رہی ہو تم
تم کو ظالم کہے وہ جھوٹا ہے

یہ بھولا پن تمہارا
یہ بھولا پن تمہارا یہ شرارت اور یہ شوخی
ضرورت کیا تمہیں تلوار کی تیروں کی خنجر کی
یہ بھولا پن تمہارا یہ شرارت اور یہ شوخی
ضرورت کیا تمہیں تلوار کی تیروں کی خنجر کی
نظر بھر کے جسے تم دیکھ لو وہ خود ہی مر جائے
ذرا نظروں سے کہہ دو جی

ہم پہ کیوں اس قدر بگڑتی ہو
چھیڑنے والے تم کو اور بھی ہیں

بہاروں پر کرو غصہ الجھتی ہیں جو آنکھوں سے
ہواؤں پر کرو غصہ جو ٹکراتی ہیں زلفوں سے
کہیں ایسا نہ ہو کوئی تمہارا دل بھی لے جائے
ذرا نظروں سے کہہ دو جی نشانہ چوک نہ جائے
مزہ جب ہے تمہاری ہر ادا قاتل ہی کہلائے
ذرا نظروں سے کہہ دو جی
***

چودھویں کا چاند

موسیقار : نوشاد

آواز : لتا منگیشکر

بدلے بدلے میرے سرکار نظر آتے ہیں
گھر کی بربادی کے آثار نظر آتے ہیں
بدلے بدلے میرے سرکار نظر آتے ہیں
بدلے بدلے ۔ ۔ ۔ ۔

میرے مالک نے محبت کا چلن چھوڑ دیا
کر کے برباد امیدوں کا چمن چھوڑ دیا
پھول بھی اب تو مجھے خار نظر آتے ہیں

گھر کی بربادی کے آثار نظر آتے ہیں

بدلے بدلے۔۔۔۔

ڈوبے رہتے تھے میرے پیار میں جو شام و سحر
میرے چہرے سے نہ ہٹتی تھی کبھی جن کی نظر
میری صورت سے ہی بیزار نظر آتے ہیں
گھر کی بربادی کے آثار نظر آتے ہیں

بدلے بدلے۔۔۔۔

***

آواز : محمد رفیع

راگ : پہاڑی

چودھویں کا چاند ہو، یا آفتاب ہو
جو بھی ہو تم خدا کہ قسم ، لاجواب ہو
چودھویں کا چاند ہو

زلفیں ہیں جیسے کاندھے پہ بادل جھکے ہوئے
آنکھیں ہیں جیسے مے کے پیالے بھرے ہوئے
مستی ہے جس میں پیار کی ، تم وہ شراب ہو
چودھویں کا چاند ہو۔۔۔۔۔

چہرہ ہے جیسے جھیل مے کھلتا ہوا کنول

یا زندگی کے ساز پہ چھیڑی ہوئی غزل
جانے بہار تم کسی شاعر کا خواب ہو
چودھویں کا چاند ہو۔۔۔۔۔۔

ہونٹوں پہ کھیلتی ہیں تبسم کی بجلیاں
سجدے تمہاری راہ میں کرتی ہیں کہکشاں
دنیائے حسن و عشق کا تم ہی شباب ہو
چودھویں کا چاند ہو۔۔۔۔۔۔
***

آوازیں : آشا بھوسلے، شمشاد بیگم

شرما کے یہ کیوں سب پردہ نشیں آنچل کو سنوارا کرتے ہیں
شرما کے یہ کیوں سب پردہ نشیں آنچل کو سنوارا کرتے ہیں
کچھ ایسے نظر والے بھی ہیں جو چھپ چھپ کے نظارا کرتے ہیں
شرما کے یہ کیوں سب پردہ نشیں آنچل کو سنوارا کرتے ہیں

بیتاب نگاہوں سے کہہ دو جلووں سے الجھنا ٹھیک نہیں
جلووں سے الجھنا ٹھیک نہیں
بیتاب نگاہوں سے کہہ دو جلووں سے الجھنا ٹھیک نہیں
جلووں سے الجھنا ٹھیک نہیں

آنا سنبھل کے پردہ نشینوں کے سامنے

جھکتی ہے زندگی بھی حسینوں کے سامنے
محفل میں حسن کی جو گیا شان سے گیا
جس نے نظر ملائی وہی جان سے گیا

بیتاب نگاہوں سے کہہ دو جلووں سے الجھنا ٹھیک نہیں
جلووں سے الجھنا ٹھیک نہیں
یہ نازو ادا کے متوالے بے موت بھی مارا کرتے ہیں
یہ نازو ادا کے متوالے بے موت بھی مارا کرتے ہیں
شرما کے یہ کیوں سب پردہ نشیں آنچل کو سنوارا کرتے ہیں

کوئی نہ حسینوں کو پوچھے دنیا میں نہ ہوں گر دل والے
دنیا میں نہ ہوں گر دل والے
دنیا میں نہ ہوں گر دل والے
کوئی نہ حسینوں کو پوچھے دنیا میں نہ ہوں گر دل والے
دنیا میں نہ ہوں گر دل والے

نظریں جو نہ ہوتیں تو نظارا بھی نہ ہوتا

دنیا میں حسینوں کا گزارا بھی نہ ہوتا

نظروں نے سکھائی انہیں شوخی بھی، حیا بھی

نظروں نے بنایا ہے انہیں بت بھی خدا بھی

کوئی نہ حسینوں کو پوچھے دنیا میں نہ ہوں گر دل والے

دنیا میں نہ ہوں گر دل والے

دنیا میں نہ ہوں گر دل والے

یہ حسن کی عزت رکھنے کو ہر ظلم گوارہ کرتے ہیں

یہ حسن کی عزت رکھنے کو ہر ظلم گوارہ کرتے ہیں

شرما کے یہ کیوں سب پردہ نشیں آنچل کو سنوارا کرتے ہیں

چھیڑیں نہ محبت کے مارے ان چاند سی صورت والوں کو

ان چاند سی صورت والوں کو

ان چاند سی صورت والوں کو

چھیڑیں نہ محبت کے مارے ان چاند سی صورت والوں کو

عرض کر دو یہ نکتہ چینوں سے

کہ رہیں دور نازنینوں سے

اگر یہ خوش ہوں تو الفت کا اہتمام کریں

اگر ذرا بھی خفا ہوں تو قتل عام کریں

چھیڑیں نہ محبت کے مارے ان چاند سی صورت والوں کو

ان چاند سی صورت والوں کو

یہ شوخ نظر کے خنجر بھی سینہ میں اتارا کرتے ہیں

یہ شوخ نظر کے خنجر بھی سینہ میں اتارا کرتے ہیں

شرما کے یہ کیوں سب پردہ نشیں آنچل کو سنوارا کرتے ہیں

***

آواز: محمد رفیع

یہ لکھنؤ کی سرزمیں
یہ لکھنؤ کی سرزمیں
یہ لکھنؤ کی سرزمیں
یہ لکھنؤ کی سرزمیں
یہ رنگ روپ کا چمن
یہ حسن و عشق کا وطن
یہی تو وہ مقام ہے
جہاں اودھ کی شام ہے
جواں جواں حسیں حسیں
یہ لکھنؤ کی سرزمیں
یہ لکھنؤ کی سرزمیں

شباب و شعر کا یہ گھر

یہ اہل علم کا نگر

ہے منزلوں کی گود میں

یہاں ہر ایک رہگزر

یہ شہر لالہ زار ہے

یہاں دلوں میں پیار ہے

جدھر نظر اٹھائیے

بہار ہی بہار ہے

کلی کلی ہے نازنیں

یہ لکھنؤ کی سرزمیں

یہ لکھنؤ کی سرزمیں

یہاں کی سب روایتیں

ادب کی شاہکار ہیں

امیر اہل دل یہاں

غریب جاں نثار ہیں
ہر ایک شاخ پر یہاں
ہیں بلبلوں کے چہچہے
گلی گلی میں زندگی
قدم قدم پہ قہقہے
ہر اک نظارا دل نشیں
یہ لکھنؤ کی سرزمیں
یہ لکھنؤ کی سرزمیں
یہ لکھنؤ کی سرزمیں

نبھائی اپنی آن بھی
بڑھائی دل کی شان بھی
ہیں ایسے مہربان بھی
یہ لکھنؤ کی سرزمیں
یہ لکھنؤ کی سرزمیں
***

درد

موسیقار : نوشاد

آواز : اوما دیوی

افسانہ لکھ رہی ہوں

افسانہ لکھ رہی ہوں

دل بے قرار کا

آنکھوں میں رنگ بھر کے تیرے انتظار کا

افسانہ لکھ رہی ہوں،

افسانہ لکھ رہی ہوں

جب تو نہیں تو کچھ بھی نہیں ہے بہار میں

نہیں ہے بہار میں

جی چاہتا ہے منہ بھی

جی چاہتا ہے منہ بھی نہ دیکھوں بہار کا

آنکھوں میں رنگ بھر کے تیرے انتظار کا

افسانہ لکھ رہی ہوں،

افسانہ لکھ رہی ہوں

حاصل ہیں یوں تو مجھ کو زمانے کی دولتیں

زمانے کی دولتیں

لیکن نصیب لائی

لیکن نصیب لائی ہوں، اک سوگوار کا

آنکھوں میں رنگ بھر کے تیرے انتظار کا

افسانہ لکھ رہی ہوں،

افسانہ لکھ رہی ہوں

آجا کہ اب تو آنکھ میں آنسو بھی آ گئے

آنسو بھی آ گئے

ساغر چھلک اٹھا

ساغر چھلک اٹھا مرے صبر و قرار کا

آنکھوں میں رنگ بھر کے تیرے انتظار کا

افسانہ لکھ رہی ہوں،

افسانہ لکھ رہی ہوں

***

آواز: ثریا، اوما دیوی

ثریا : بیتاب ہے دل

بیتاب ہے دل درد محبت کے اثر سے

جس دن سے مرا چاند چھپا میری نظر سے

بیتاب ہے دل

اما : سوئی ہوئی قسمت کو میری آ کے جگا جا

آ جا میری دنیا میں ذرا لوٹ کے آ جا

سوئی ہوئی قسمت کو میری آ کے جگا جا

آ جا میری دنیا میں ذرا لوٹ کے آ جا

آنکھوں کو ہے امید

آنکھوں کو ہے امید، تری راہ گزر سے

جس دن سے مرا چاند چھپا میری نظر سے

بیتاب ہے دل

ثریا : یہ کون مرے دل مری آنکھوں میں سمائے
یہ کس کی نگاہوں نے مجھے اپنا بنایا
یہ کون مرے دل مری آنکھوں میں سمائے
یہ کس کی نگاہوں نے مجھے اپنا بنایا
بیگانہ ہوئی
بیگانہ ہوئی جاتی ہوں، دنیا کی خبر سے
ٹکرا گئی یہ کس کی نظر میری نظر سے
بیتاب ہے دل

اما : دم بھر کو تری یاد سے غافل نہیں رہتی
جو دل پہ گزرتی ہے، زباں سے نہیں کہتی
دم بھر کو تری یاد سے غافل نہیں رہتی
جو دل پہ گزرتی ہے، زباں سے نہیں کہتی

فریاد بھی

فریاد بھی ہوتی نہیں رسوائی کے ڈر سے

جس دن سے مرا چاند چھپا میری نظر سے

بیتاب ہے دل

ثریا : اک موج ہے ، اک راگ ہے ، اک رنگ ہے جی میں

ہنستی ہوں خوشی میں ، گاتی ہوں خوشی میں

اک موج ہے ، اک راگ ہے ، اک رنگ ہے جی میں

ہنستی ہوں خوشی میں ، گاتی ہوں خوشی میں

اٹھا ہے یہ طوفان

اٹھا ہے یہ طوفان ، خدا جانے کدھر سے

ٹکرا گئی یہ کس کی نظر میری نظر سے

بے تاب ہے دل

***

دیدار

موسیقار : نوشاد

آواز : شمشاد بیگم

چمن میں رہ کے ویرانہ مرا دل ہوتا جاتا ہے
چمن میں رہ کے ویرانہ مرا دل ہوتا جاتا ہے
خوشی میں آج کل کچھ غم بھی شامل ہوتا جاتا ہے
چمن میں رہ کے ویرانہ۔۔۔۔۔

نہ جانے کیوں بدلتی جارہی ہے زندگی میری
نہ جانے زندگی میری
نہ جانے کیوں بدلتی جارہی ہے زندگی میری

نہ جانے زندگی میری

میں دل سے بے خبر دل مجھ سے غافل ہوتا جاتا ہے

چمن میں رہ کے ویرانہ۔۔۔۔۔۔

یہ الجھن اور یہ بے چینی، یہ دھڑکن اور یہ بیتابی

یہ دھڑکن اور یہ بیتابی

یہ الجھن اور یہ بے چینی، یہ دھڑکن اور یہ بیتابی

یہ دھڑکن اور یہ بیتابی

مرا دل جانے کن تیروں سے گھایل ہوتا جاتا ہے

چمن میں رہ کے ویرانہ مرا دل ہوتا جاتا ہے

خوشی میں آج کل کچھ غم بھی شامل ہوتا جاتا ہے

چمن میں رہ کے ویرانہ۔۔۔۔۔۔

***

آواز : محمد رفیع

اسیرِ پنجۂ عہد شباب کر کے مجھے
کہاں گیا میرا بچپن خراب کر کے مجھے
ہو۔۔۔او۔۔۔
ہوئے ہم جن کے لیے برباد
وہ ہم کو چاہے کریں نہ یاد
جیون بھر، جیون بھر ان کی یاد میں
ہم گائے جائیں گے، گائے جائیں گے
ہوئے ہم جن کے لیے برباد

ایک زمانا تھا وہ پل بھر ہم سے رہے نہ دور
ہم سے رہے نہ دور
ایک زمانا یہ کہ ہوئے ہیں ملنے سے مجبور
ملنے سے مجبور
رہے وہ دل کا نگر آباد

بسی ہے جس میں کسی کی یاد

ہم دل کو، ہم دل کو ان کی یاد سے

بہلائے جائیں گے، گائے جائیں گے

ہوئے ہم جن کے لیے برباد

میں ہوں، ایسا دیپ کہ جس میں نہ باقی نہ تیل

نہ باقی نہ تیل

بچپن بیتا بنی محبت چار دنوں کا کھیل

چار دنوں کا کھیل

وہ غم سے لاکھ رہیں آزاد

سنیں نہ درد بھری فریاد

افسانہ، افسانہ ان کے پیار کا

ہم گائے جائیں گے، گائے جائیں گے

ہوئے ہم جن کے لیے برباد

***

آواز : محمد رفیع

راگ : تلنگ

میری کہانی بھولنے والے تیرا جہاں آباد رہے، میری کہانی
تیری خوشی پر میں مٹ جاؤں دنیا تیری آباد رہے
میری کہانی

میرے گیت سنے دنیا نے مگر
میرا درد کوئی نہ جان سکا
اک تیرا سہارا تھا دل کو
تو بھی نہ مجھے پہچان سکا
بچپن کے وہ گیت پرانے آج تجھے نہ یاد رہے
میری کہانی

میں اپنا فسانہ کہہ نہ سکا

مرے دل کی تمنا دل میں رہی

لو آج کنارے پر آ کے

ارمانوں کی کشتی ڈوب گئی

قسمت کو منظور یہی تھا لب پر میرے فریاد رہے

میری کہانی

میری کہانی بھولنے والے تیرا جہاں آباد رہے

میری کہانی

***

آواز: لتا منگیشکر، شمشاد بیگم

لتا : بچپن کے دن بھلا نہ دینا

ہو۔۔۔

بچپن کے دن بھلا نہ دینا

شمشاد : آج ہنسے کل رلا نہ دینا

آج ہنسے کل رلا نہ دینا

دونوں : ہوو۔۔۔ بچپن کے دن بھلا نہ دینا

شمشاد : لمبے ہیں جیون کے رستے

آوٴ چلیں ہم گاتے ہنستے

گاتے، ہنستے

آء۔۔۔۔ آء۔۔۔۔

لتا : دور دیس ایک محل بنائیں

پیار کا جس میں دیپ جلائیں

دیپ جلائیں

دونوں : دیپ جلا کر بجھا نہ دینا

آج ہنسے کل رلا نہ دینا

آج ہنسے کل رلا نہ دینا

ہوو۔۔۔ بچپن کے دن بھلا نہ دینا

لتا : رت بدلے یا جیون بیتے

دل کے ترانے ہوں نہ پرانے

ہوں نہ پرانے

شمشاد : نینوں میں بھر کر سپن سہانے

آئیں گے اک دن یہی زمانے

یہی زمانے

دونوں : یاد ہماری مٹا نہ دینا

آج ہنسے کل رلا نہ دینا

ہو ہو

بچپن کے دن بھلا نہ دینا

***

دیوانہ

موسیقار : نوشاد

آواز : محمد رفیع

تصویر بناتا ہوں تری خون جگر سے

خون جگر سے

دیکھا ہے تجھے میں نے محبت کی نظر سے

ارے ، محبت کی نظر سے

تصویر بناتا ہوں تری خون جگر سے

خون جگر سے

جتنے بھی ملے رنگ وہ سبھی بھر دیئے تجھ میں

ہائے، بھر دیئے تجھ میں

اک رنگ وفا اور ہے، لاؤں وہ کدھر سے

ارے لاؤں وہ کدھر سے

تصویر بناتا ہوں تری خون جگر سے

خون جگر سے

ساون تیری زلفوں سے گھٹا مانگ کے لایا

ہائے، مانگ کے لایا

بجلی نے چرائی ہے تڑپ تیری نظر سے

ارے، تڑپ تیری نظر سے

تصویر بناتا ہوں تری خون جگر سے

خون جگر سے

میں دل میں بٹھا کر تجھے رخصت نہ کروں گا

ہائے، رخصت نہ کروں گا

مشکل ہے ترا لوٹ کے جانا میرے گھر سے

ارے جانا میرے گھر سے

تصویر بناتا ہوں تری خون جگر سے

خون جگر سے

***

دل دیا درد لیا

موسیقار : نوشاد

آواز : محمد رفیع

راگ : جن سموہنی کلاوتی

کوئی ساغر دل کو بہلاتا نہیں
کوئی ساغر دل کو بہلاتا نہیں
بے خودی میں بھی قرار آتا نہیں
کوئی ساغر دل کو بہلاتا نہیں

میں کوئی پتھر نہیں انسان ہوں
میں کوئی پتھر نہیں انسان ہوں
کیسے کہہ دوں غم سے گھبراتا نہیں

کوئی ساغر دل کو بہلاتا نہیں

کل تو سب تھے کارواں کے ساتھ ساتھ
کل تو سب تھے کارواں کے ساتھ ساتھ
آج کوئی راہ دکھلاتا نہیں
کوئی ساغر دل کو بہلاتا نہیں

زندگی کے آئنہ کو توڑ دو
زندگی کے آئنہ کو توڑ دو
اس میں اب کچھ بھی نظر آتا نہیں
کوئی ساغر دل کو بہلاتا نہیں
بے خودی میں بھی قرار آتا نہیں
کوئی ساغر دل کو بہلاتا نہیں
***

آواز: لتا منگیشکر

پھر تیری کہانی یاد آئی پھر تیرا افسانہ یاد آیا
پھر آج ہماری آنکھوں کو
پھر آج ہماری آنکھوں کو، ایک خواب پرانا یاد آیا
تیری کہانی۔۔۔۔۔۔

جلتے ہیں چراغوں کی صورت
ہر شام تری ہم یادوں میں
جب صبح کو شبنم روتی ہے
کھو جاتے ہیں ہم فریادوں میں
کھو جاتے ہیں ہم فریادوں میں
جب دل نے کوئی آواز سنی

جب دل نے کوئی آواز سنی، تیرا ہی ترانہ یاد آیا
تیری کہانی ۔۔۔۔۔۔

شاید کبھی ملنا ہو جائے
بیٹھیں ہیں اسی ارمان میں ہم
تو نے تو کنارے پا ہی لئے
الجھے ہیں مگر طوفان میں ہم
اے جان وفا پھر آج ہمیں
اے جان وفا پھر آج ہمیں،
پچھلا وہ زمانا یاد آیا
پھر تیری کہانی یاد آئی ۔۔۔۔۔۔
تیری کہانی
***

دلِ ناداں

موسیقار : غلام محمد
آواز : طلعت محمود

تیری خاطر ستم دل پہ گوارہ کرلیا میں نے
کہا کس نے محبت سے کنارا کرلیا میں نے

جو خوشی سے چوٹ کھائے،
وہ جگر کہاں سے لاؤں
وہ جگر کہاں سے لاؤں
کسی اور کو جو دیکھے،
وہ نظر کہاں سے لاؤں

وہ نظر کہاں سے لاؤں

جو خوشی سے چوٹ کھائے

مجھے تیری آرزو ہے،

مرے دل میں تو ہی تو ہے

مرے دل میں تو ہی تو ہے

بسے غیر جس میں آ کر،

میں وہ گھر کہاں سے لاؤں

میں وہ گھر کہاں سے لاؤں

جو خوشی سے چوٹ کھائے

تری بے رخی پہ صدقے،

تری ہر ادا پہ قرباں

تری ہر ادا پہ قرباں

کرے اور کو جو سجدے،

میں وہ سر کہاں سے لاؤں

میں وہ سر کہاں سے لاؤں

جو خوشی سے چوٹ کھائے

وہ جگر کہاں سے لاؤں

وہ جگر کہاں سے لاؤں

جو خوشی سے چوٹ کھائے

***

آواز : طلعت محمود

زندگی دینے والے سن
تیری دنیا سے دل بھر گیا
میں یہاں جیتے جی مر گیا
زندگی دینے والے سن

رات کٹتی نہیں دن گزرتا نہیں
زخم ایسا دیا ہے کہ بھرتا نہیں
آنکھ ویران ہے، دل پریشان ہے، غم کا سامان ہے
جیسے جادو کوئی کر گیا
زندگی دینے والے سن
تیری دنیا سے دل بھر گیا
میں یہاں جیتے جی مر گیا

زندگی دینے والے سن

اے خدا تو نے مجھ سے خوشی چھین لی
زندہ رکھا مگر زندگی چھین لی
کر دیا دل کا خوں، چپ کہاں تک رہوں، صاف کیوں نہ کہوں
تو خوشی سے مری جل گیا
زندگی دینے والے سن
تیری دنیا سے دل بھر گیا
میں یہاں جیتے جی مر گیا
زندگی دینے والے سن

***

دل لگی

آواز : محمد رفیع

اس دنیا میں اے دل والوں دل کا لگانا کھیل نہیں
الفت کرنا کھیل ہے لیکن کر کے نبھانا کھیل نہیں
اس دنیا میں

جب سے ہوئے ہیں دور وہ ہم سے ڈھونڈھ رہی ہے ان کو نظر
جب سے ہوئے ہیں دور وہ ہم سے ڈھونڈھ رہی ہے ان کو نظر
ہائے رے او بیدرد زمانے
ہائے رے او بیدرد زمانے
یہ بھی نہیں ہے ان کو خبر

آگ لگی ہے دل میں کچھ ایسی جس کا بجھانا کھیل نہیں

اس دنیا میں۔۔۔۔۔۔

لاکھ ستائیں پیار کے دشمن بھول سکیں گے ان کو نہ ہم

لاکھ ستائیں پیار کے دشمن بھول سکیں گے ان کو نہ ہم

اور بڑھے گی ان کی محبت

اور بڑھے گی ان کی محبت

جتنے بھی ہوں گے ظلم و ستم

کہہ دے کوئی نادانوں سے ہم کو مٹانا کھیل نہیں

اس دنیا میں۔۔۔۔۔۔

اس دنیا میں اے دل والوں دل کا لگانا کھیل نہیں

***

آواز: ثریا

تیرا خیال دل سے بھلایا نہ جائے گا
الفت کی زندگی کو مٹایا نہ جائے گا
الفت کی زندگی کو مٹایا نہ جائے گا
تیرا خیال دل سے بھلایا نہ جائے گا

مجبوریوں نے چھین لی مجھ سے اگر زباں
مجھ سے اگر زباں
مجبوریوں نے چھین لی مجھ سے اگر زباں
مجھ سے اگر زباں
آنسو کہیں گے
آنسو کہیں گے دل کے اجڑنے کی داستاں
اجڑنے کی داستاں

آنسو کہیں گے دل کے اجڑنے کی داستاں
اجڑنے کی داستاں
آنکھوں سے حال دل کا چھپایا نہ جائے گا
الفت کی زندگی کو مٹایا نہ جائے گا
تیرا خیال دل سے بھلایا نہ جائے گا
الفت کی زندگی کو مٹایا نہ جائے گا

لوٹو نہ دنیا والو میرے دل کی تم خوشی
میرے دل کی تم خوشی
لوٹو نہ دنیا والو میرے دل کی تم خوشی
میرے دل کی تم خوشی
اچھی نہیں ہے ہائے
اچھی نہیں ہے ہائے غریبوں سے دل لگی
غریبوں سے دل لگی
اچھی نہیں ہے ہائے غریبوں سے دل لگی

غریبوں سے دل لگی

یہ گھر اجڑ گیا تو بسایا نہ جائے گا

الفت کی زندگی کو مٹایا نہ جائے گا

تیرا خیال دل سے بھلایا نہ جائے گا

الفت کی زندگی کو مٹایا نہ جائے گا

***

دو بدن

موسیقار : روی

آواز : محمد رفیع

راگ : درباری کانڑا

رہا گردشوں میں ہر دم مرے عشق کا ستارا
کبھی ڈگمگائی کشتی، کبھی مٹ گیا کنارا
رہا گردشوں میں ہر دم

کوئی دل کا کھیل دیکھے، کہ محبتوں کی بازی
کوئی دل کا کھیل دیکھے، کہ محبتوں کی بازی

وہ قدم قدم پہ جیتے، میں قدم قدم پہ ہارا
رہا گردشوں میں ہر دم

یہ ہماری بد نصیبی جو نہیں تو اور کیا ہے
یہ ہماری بد نصیبی جو نہیں تو اور کیا ہے
کہ اسی کے ہو گئے ہم، جو نہ ہو سکا ہمارا

پڑے جب غموں کے پالے، رہے مٹ کے مٹنے والے
پڑے جب غموں کے پالے، رہے مٹ کے مٹنے والے
جسے موت نے نہ پوچھا، اسے زندگی نے مارا
رہا گردشوں میں ہر دم
***

آواز : محمد رفیع

راگ : بھیرویں

بھری دنیا میں آخر دل کو سمجھانے کہاں جائیں
محبت ہو گئی جن کو وہ دیوانے کہاں جائیں
بھری دنیا۔۔۔

لگے ہیں شمع پر پہرے زمانہ کی نگاہوں کے
لگے ہیں شمع پر پہرے زمانہ کی نگاہوں کے
جنہیں جلنے کی حسرت ہے وہ پروانے کہاں جائیں
محبت ہو گئی جن کو وہ دیوانے کہاں جائیں
بھری دنیا۔۔۔

سنانا بھی جنہیں مشکل چھپانا بھی جنہیں مشکل

سنانا بھی جنہیں مشکل چھپانا بھی جنہیں مشکل
ذرا تو ہی بتا اے دل وہ افسانے کہاں جائیں
محبت ہو گئی جن کو وہ دیوانے کہاں جائیں
بھری دنیا۔۔۔

نظر میں الجھنیں دل میں ہے عالم بیقراری کا
نظر میں الجھنیں دل میں ہے عالم بیقراری کا
سمجھ میں کچھ نہیں آتا، سکوں پانے کہاں جائیں
محبت ہو گئی جن کو وہ دیوانے کہاں جائیں
بھری دنیا میں آخر دل کو سمجھانے کہاں جائیں
محبت ہو گئی جن کو وہ دیوانے کہاں جائیں
بھری دنیا۔۔۔
***

دور کی آواز

موسیقار : روی

آواز : محمد رفیع

مقدر آزمانا چاہتا ہوں،
تمہیں اپنا بنانا چاہتا ہوں،
مقدر آزمانا چاہتا ہوں

مجھے بس پیار کا اک جام دے دو
مجھے بس پیار کا اک جام دے دو
میں سب کچھ بھول جانا چاہتا ہوں،
مقدر آزمانا چاہتا ہوں

گھڑی بھر کو مرے نزدیک آؤ

گھڑی بھر کو مرے نزدیک آؤ

ذرا آنکھوں سے آنکھیں تو ملاؤ

میں حال دل سنانا چاہتا ہوں،

مقدر آزمانا چاہتا ہوں

بنانا ہے مجھے ایک آشیانا

بنانا ہے مجھے ایک آشیانا

جو تم چاہو تو مل جائے ٹھکانا

تمہارے دل میں آنا چاہتا ہوں،

مقدر آزمانا چاہتا ہوں

***

دلاری

موسیقار : نوشاد

آواز : محمد رفیع

راگ : پہاڑی

سہانی رات ڈھل چکی
نہ جانے تم کب آؤ گے
جہاں کی رت بدل چکی
نہ جانے تم کب آؤ گے
سہانی رات ڈھل چکی
نہ جانے تم کب آؤ گے

نظارے اپنی مستیاں

دکھا دکھا کے سو گئے

ستارے اپنی روشنی

لٹا لٹا کے سو گئے

ہر ایک شمع جل چکی

نہ جانے تم کب آؤ گے

سہانی رات ڈھل چکی۔۔۔۔۔۔

تڑپ رہے ہیں ہم یہاں

تڑپ رہے ہیں ہم یہاں

تمہارے انتظار میں

تمہارے انتظار میں

خزاں کا رنگ آ چلا ہے

موسم بہار میں

موسم بہار میں

ہوا بھی رخ بدل چکی
نہ جانے تم کب آؤ گے

سہانی رات ڈھل چکی
نہ جانے تم کب آؤ گے
***

آواز : لتا منگیشکر

راگ : بھیرویں

اے دل تجھے قسم ہے
اے دل تجھے قسم ہے
اے دل تجھے قسم ہے ، تو ہمت نہ ہارنا
دن زندگی کے جیسے بھی گزریں گزارنا
اے دل تجھے قسم ہے
اے دل تجھے قسم ہے
اے دل تجھے قسم ہے

الفت کے راستے میں
الفت کے راستے میں
ملیں گے ہزار غم

ملیں گے ہزار غم

بن جائے جان پر بھی تو غم سے نہ ہارنا

غم سے نہ ہارنا

اے دل تجھے قسم ہے

اے دل تجھے قسم ہے

اے دل تجھے قسم ہے

رونے سے کم نہ ہوں گی

رونے سے کم نہ ہوں گی

کبھی تیری مشکلیں

کبھی تیری مشکلیں

بگڑے ہوئے نصیب کو ہنس کر سنوارنا

ہنس کر سنوارنا

اے دل تجھے قسم ہے

اے دل تجھے قسم ہے

دنیا ستم کرے تو

دنیا ستم کرے تو

نہ کرنا گلا کوئی

نہ کرنا گلا کوئی

جو تیرے ہو چکے ہیں تو ان کو پکارنا

ان کو پکارنا

اے دل تجھے قسم ہے

اے دل تجھے قسم ہے، تو ہمت نہ ہارنا

دن زندگی کے جیسے بھی گزریں گزارنا

اے دل تجھے قسم ہے

***

گھرانا

موسیقار : روی

آواز : محمد رفیع

حسن والے تیرا جواب نہیں
کوئی تجھ سا نہیں ہزاروں میں
حسن والے تیرا جواب نہیں

تو ہے ایسی کلی جو گلشن میں
ساتھ اپنے بہار لائی ہو
تو ہے ایسی کرن جو رات ڈھلے
چاندنی میں نہا کے آئی ہو

یہ ترا نور یہ ترے جلوے
جس طرح چاند ہو ستاروں میں
حسن والے ترا جواب نہیں

تیری آنکھوں میں ایسی مستی ہے
جیسے چھلکے ہوئے ہوں پیمانے
تیرے ہونٹوں پہ وہ خموشی ہے
جیسے بکھرے ہوئے ہوں افسانے
تیری زلفوں کی ایسی رنگت ہے
جیسے کالی گھٹا بہاروں میں
حسن والے ترا جواب نہیں

تیری صورت جو دیکھ لے شاعر
اپنے شعروں میں تازگی بھر لے
ایک مصور جو تجھ کو پا جائے

اپنے خوابوں میں زندگی بھر لے

نغمہ گر ڈھونڈھ لے اگر تجھ کو

درد بھر لے وہ دل کے تاروں میں

حسن والے تیرا جواب نہیں

***

جان پہچان

موسیقار: کھیم چندر پرکاش

آوازیں؛ گیتا دت، طلعت محمود

طلعت : ارمان بھرے دل کی لگن تیرے لئے ہے

ارمان بھرے دل کی لگن تیرے لئے ہے

ہو لگن تیرے لئے ہے

ہو لگن تیرے لئے ہے

گیتا : نظریں مرے جیون کی سجن تیرے لئے ہے

ہو سجن تیرے لئے ہے

ہو سجن تیرے لئے ہے

طلعت : لوٹا ہے میرے دل نے محبت کا خزانہ

ہو محبت کا خزانہ

گیتا : جو تیری کہانی ہے وہی میرا فسانہ

ہو وہی میرا فسانہ

ہو وہی میرا فسانہ

طلعت : یہ پھول یہ خوشبو یہ چمن تیرے لئے ہے

ہو چمن تیرے لئے ہے

ہو چمن تیرے لئے ہے

ارمان بھرے دل کی لگن تیرے لئے ہے

گیتا : کیوں پیار کی دنیا میں نہ ہو راج ہمارا

کیوں نہ ہو راج ہمارا

کیوں نہ ہو راج ہمارا

طلعت : ہے دل کو تیری نرگسی آنکھوں کا سہارا

تیری آنکھوں کا سہارا

تیری آنکھوں کا سہارا

گیتا : یہ چاند یہ چاند یہ دھرتی یہ گگن تیرے لئے ہے

ہو گگن تیرے لئے ہے

ہو گگن تیرے لئے ہے

طلعت : ارمان بھرے دل کی لگن تیرے لئے ہے

ارمان بھرے دل کی لگن تیرے لئے ہے

ہو لگن تیرے لئے ہے

ہو لگن تیرے لئے ہے

گیتا : نظریں مرے جیون کی سجن تیرے لئے ہے

ہو سجن تیرے لئے ہے

ہو سجن تیرے لئے ہے

***

کوہ نور

موسیقار : نوشاد
آوازیں : محمد رفیع، لتا منگیشکر
راگ : پہاڑی

رفیع : دو ستاروں کا زمیں پر ہے ملن آج کی رات

مسکراتا ہے امیدوں کا چمن آج کی رات

لتا : دو ستاروں کا زمیں پر ہے ملن آج کی رات ساری دنیا نظر آتی ہے دلہن آج کی رات

دونوں : دو ستاروں کا زمیں پر ہے ملن آج کی رات

آج کی رات۔۔۔۔۔۔

رفیع : حسن والے تیری دنیا میں کوئی آیا ہے

تیرے دیدار کی حسرت بھی کوئی لایا ہے

تیرے دیدار کی حسرت بھی کوئی لایا ہے
توڑدے توڑدے پردے کا چلن آج کی رات
مسکراتا ہے امیدوں کا چمن آج کی رات
دونوں : دو ستاروں کا زمیں پر ہے ملن آج کی رات
آج کی رات۔۔۔۔۔۔

لتا : جن سے ملنے کی تھی تمنا وہ ہی آتے ہیں
چاند تارے میری راہوں میں بچھے جاتے ہیں
چاند تارے میری راہوں میں بچھے جاتے ہیں
چومتا ہے تیرے قدموں کو گگن آج کی رات
ساری دنیا نظر آتی ہے دلہن آج کی رات
دونوں : دو ستاروں کا زمیں پر ہے ملن آج کی رات
آج کی رات۔۔۔۔۔۔
***

لیڈر

موسیقار : نوشاد

آوازیں : محمد رفیع، لتا منگیشکر

راگ : للت

اک شہنشاہ نے بنوا کے حسیں تاج محل
ساری دنیا کو محبت کی نشانی دی ہے
ایک شہنشاہ نے بنوا کے حسیں تاج محل

اس کے سائے میں سدا پیار کے چرچے ہوں گے
ختم جو ہو نہ سکے گی وہ کہانی دی ہے
اک شہنشاہ نے بنوا کے حسیں تاج محل

تاج وہ شمع ہے الفت کے صنم خانے کی
جس کے پروانوں میں مفلس بھی زردار بھی ہیں
سنگ مرمر میں سمائے ہوئے خوابوں کی قسم
مرحلے پیار کے آسان بھی دشوار بھی ہیں
دل کو ایک جوش ارادوں کو جوانی دی ہے
اک شہنشاہ نے بنوا کے حسیں تاج محل

تاج اک زندہ تصور ہے کسی شاعر کا
اس کے افسانہ حقیقت کے سوا کچھ بھی نہیں
اس کی آغوش میں آکر یہ گماں ہوتا ہے
زندگی جیسے محبت کے سوا کچھ بھی نہیں
تاج نے پیار کی موجوں کو روانی دی ہے
اک شہنشاہ نے بنوا کے حسیں تاج محل

یہ حسیں رات یہ مہکی ہوئی پر نور فضا
ہو اجازت تو یہ دل عشق کا اظہار کرے
عشق انسان کو انسان بنا دیتا ہے
کس کی ہمت ہے محبت سے جو انکار کرے
آج تقدیر نے یہ رات سہانی دی ہے
ایک شہنشاہ نے بنوا کے حسیں تاج محل
***

راگ : کلیان

ترے حسن کی کیا تعریف کروں
کچھ کہتے ہوئے بھی ڈرتا ہوں،
ترے حسن کی کیا تعریف کروں
ترے حسن کی
ترے حسن کی کیا تعریف کروں
کچھ کہتے ہوئے بھی ڈرتا ہوں،
کہیں بھول سے تو نہ سمجھ بیٹھے
کہ میں تجھ سے محبت کرتا ہوں،

لتا : مرے دل میں کسک سی ہوتی ہے، میرے دل میں
میرے دل میں کسک سی ہوتی ہے
تری راہ سے جب میں گزرتی ہوں،

اس بات سے یہ نہ سمجھ لینا
کہ میں تجھ سے محبت کرتی ہوں،

رفیع: تیری بات میں گیتوں کی سرگم
تیری چال میں پائل کی چھم چھم
تیری بات میں گیتوں کی سرگم
تیری چال میں پائل کی چھم چھم
کوئی دیکھ لے تجھ کو ایک نظر
کوئی دیکھ لے تجھ کو ایک نظر
مرجائیں تیری آنکھوں قسم
میں بھی ہوں، عجب اک دیوانہ
مرتا ہوں، نہ آہیں بھرتا ہوں،
کہیں بھول سے تو نہ سمجھ بیٹھے
کہ میں تجھ سے محبت کرتا ہوں،

دونوں : آ۔۔۔

لتا : میرے سامنے جب تو آتا ہے
جی دھک سے میرا ہو جاتا ہے
میرے سامنے جب تو آتا ہے
جی دھک سے میرا ہو جاتا ہے
لیتی ہے تمنا انگڑائی
لیتی ہے تمنا انگڑائی
دل جانے کہاں کھو جاتا ہے
محسوس یہ ہوتا ہے مجھ کو
جیسے میں ترا دم بھرتی ہوں،
اس بات سے یہ نہ سمجھ لینا
کہ میں تجھ سے محبت کرتی ہوں،

رفیع : تیرے حسن کی کیا تعریف کروں

کچھ کہتے ہوئے بھی ڈرتا ہوں،
کہیں بھول سے تو نہ سمجھ بیٹھے
کہ میں تجھ سے محبت کرتا ہوں،
***

میلہ

موسیقار : نوشاد
آواز : محمد رفیع
راگ : بھیروی

یہ زندگی کے میلے
یہ زندگی کے میلے
یہ زندگی کے میلے
دنیا میں کم نہ ہوں گے
افسوس ہم نہ ہوں گے
یہ زندگی کے میلے
یہ زندگی کے میلے

اک دن پڑے گا جانا، کیا وقت، کیا زمانا
کوئی نہ ساتھ دے گا، سب کچھ یہیں رہے گا
جائیں گے ہم اکیلے،
جائیں گے ہم اکیلے،
یہ زندگی کے میلے
دنیا میں کم نہ ہوں گے
افسوس ہم نہ ہوں گے
یہ زندگی کے میلے
یہ زندگی کے میلے

دنیا ہے موج دریا، قطرے کی زندگی کیا
پانی میں مل کے پانی، انجام یہ کہ فانی
دم بھر کو سانس لے لے
دم بھر کو سانس لے لے
یہ زندگی کے میلے

دنیا میں کم نہ ہوں گے
افسوس ہم نہ ہوں گے
یہ زندگی کے میلے
یہ زندگی کے میلے

ہوں گی یہی بہاریں، الفت کی یادگاریں
بگڑے گی اور چلے گی، دنیا یہیں رہے گی
ہوں گے یہی جھمیلے
ہوں گے یہی جھمیلے
یہ زندگی کے میلے
دنیا میں کم نہ ہوں گے
افسوس ہم نہ ہوں گے
یہ زندگی کے میلے
یہ زندگی کے میلے
***

زندگی اور موت

موسیقار : سی رام چندر

آواز : آشا بھوسلے

بعد مدت کے ملے تو، اس طرح دیکھا مجھے
جس طرح ایک اجنبی پر اجنبی ڈالے نظر
آپ نے یہ بھی نہ سوچا دوستی کیا چیز ہے

پہلے پہلے آپ ہی اپنا بنا بیٹھے ہمیں
پھر نہ جانے کس لیۓ دل سے بھلا بیٹھے ہمیں
اب ہوا معلوم ہم کو بے رخی کیا چیز ہے

پیار سچا ہے میرا تو دیکھ لینا، اے صنم
آپ آکر توڑ دیں گے خود میری زنجیر غم

بندہ پرور جان لیں گے بندگی کیا چیز ہے
***

آواز : مہیندر کپور

دل لگا کر ہم یہ سمجھے ، زندگی کیا چیز ہے
عشق کہتے ہیں کسے اور عاشقی کیا چیز ہے
دل لگا کر ہم یہ سمجھے

ہائے یہ رخسار کے شعلے ، یہ باہیں مرمریں
آپ سے مل کر یہ دو باتیں سمجھ میں آ گئیں
دھوپ کس کا نام ہے اور چاندنی کیا چیز ہے
دل لگا کر ہم یہ سمجھے

آپ کی شوخی نے کیا کیا روپ دکھلائے ہمیں
آپ کی آنکھوں نے کیا کیا ، جام پلوائے ہمیں
ہوش کھو بیٹھے تو جانا ، بے خودی کیا چیز ہے

دل لگا کر ہم یہ سمجھے

آپ کی راہوں میں جب سے ہم نے رکھا ہے قدم
ہم کو یہ محسوس ہوتا ہے کہ ہیں منزل پہ ہم
کوئی کیا جانے محبت کی خوشی کیا چیز ہے
دل لگا کر ہم یہ سمجھے
***

پالکی

موسیقار : نوشاد

آواز : لتا منگیشکر

جانے والے ترا خدا حافظ
آج میرا اسلام لیتا جا
میرے دل کا پیام لیتا جا
جانے والے ترا خدا حافظ۔۔۔۔۔

میں تری خاک ہوں مرے راہی
مجھ کو بھی ساتھ ساتھ آنے دے

التجا ہے کہ راہ میں اپنی

آج پلکیں مجھے بچھانے دے

مجھ سے اتنا تو کام لیتا جا

جانے والے ترا خدا حافظ۔۔۔۔۔۔

الوداع جان آرزو تجھ کو

غم کے مارے سلام کہتے ہیں

یہ لٹے گھر، یہ پیار کی گلیاں

یہ نظارے سلام کہتے ہیں

یادگاریں تمام لیتا جا

جانے والے ترا خدا حافظ۔۔۔۔۔۔

سانس جب تک ہے میرے سینے میں

میں تیرا انتظار کر لوں گی

خوش رہے تو یہ ہے دعا میری

میں تو غم سے بھی پیار کر لوں گی

پیار کا تو بھی نام لیتا جا

جانے والے ترا خدا حافظ۔۔۔۔۔۔

***

رام اور شیام

موسیقار : نوشاد

آواز : محمد رفیع

یہ رات جیسے دلہن بن گئی چراغوں سے
کروں گا آج اجالا میں دل کے داغوں سے

آج کی رات میرے دل کی سلامی لے لے
دل کی سلامی لے لے
کل تری بزم سے دیوانہ چلا جائے گا
شمع رہ جائے گی پروانہ چلا جائے گا
آج کی رات میرے

تیری محفل ترے جلوے ہوں مبارک تجھ کو
تیری الفت سے نہیں آج بھی انکار مجھے
تیرا مے خانہ سلامت رہے اے جان وفا
مسکرا کر تو ذرا دیکھ لے اک بار مجھے
پھر ترے پیار کا مستانہ چلا جائے گا
شمع رہے جائے گی پروانہ چلا جائے گا
آج کی رات میرے

میں نے چاہا کہ بتا دوں میں حقیقت اپنی
تو نے لیکن نہ میرا راز محبت سمجھا
میری الجھن میرے حالات یہاں تک پہنچے
تیری آنکھوں نے میرے پیار کو نفرت سمجھا
اب تیری راہ سے بیگانہ چلا جائے گا
شمع رہے جائے گی پروانہ چلا جائے گا

آج کی رات میرے

تو میرا ساتھ نہ دے راہِ محبت میں صنم
چلتے چلتے میں کسی راہ پہ مڑ جاؤں گا
کہکشاں چاند ستارے ترے چومیں گے قدم
تیرے رستے کی میں ایک دھول ہوں، اڑ جاؤں گا
ساتھ میرے میرا افسانہ چلا جائے گا
شمع رہ جائے گی پروانہ چلا جائے گا
آج کی رات میرے
***

شباب

موسیقار : نوشاد

آواز : محمد رفیع

راگ : تِلنگ

یہی ارمان لے کر آج اپنے گھر سے ہم نکلے
جہاں ہے زندگی اپنی، اسی کوچہ میں دم نکلے
یہی ارمان لے کر آج اپنے گھر سے ہم نکلے

ستارو! جگمگاؤ تم، بہارو! مسکراؤ تم
مری اجڑی محبت کی ہنسی مل کر اڑاؤ تم
جنہیں سجدے کیے ہم نے، وہ پتھر کے صنم نکلے

یہی ارمان لے کر آج اپنے گھر سے ہم نکلے

تمنا ہے یہی اب تو، مرا سر ہو، ترا در ہو
نہ آنسو کوئی آنکھوں میں، نہ شکوہ کوئی لب پر ہو
اگر یوں موت آجائے تو اپنے دل سے غم نکلے
یہی ارمان لے کر آج اپنے گھر سے ہم نکلے
***

اڑن کھٹولہ

موسیقار : نوشاد

آواز : محمد رفیع

محبت کی راہوں میں چلنا سنبھل کے
یہاں جو بھی آیا گیا ہاتھ مل کے
محبت کی راہوں میں چلنا سنبھل کے

نہ پائی کسی نے محبت کی منزل
نہ پائی کسی نے محبت کی منزل
قدم ڈگمگائے، ذرا دور چل کے
قدم ڈگمگائے، ذرا دور چل کے

محبت کی راہوں میں چلنا سنبھل کے

ہمیں ڈھونڈھتی ہے، بہاروں کی دنیا

ہمیں ڈھونڈھتی ہے، بہاروں کی دنیا

کہاں آ گئے ہم، چمن سے نکل کے

کہاں آ گئے ہم، چمن سے نکل کے

محبت کی راہوں میں چلنا سنبھل کے

کہیں ڈوب جائے نہ حسرت بھرا دل

کہیں ڈوب جائے نہ حسرت بھرا دل

نہ یوں تیر پھینکو، نشانہ بدل کے

نہ یوں تیر پھینکو، نشانہ بدل کے

محبت کی راہوں میں چلنا سنبھل کے

***

آواز : محمد رفیع

راگ : پہاڑی

چلے آج تم جہاں سے ، ہوئی زندگی پرائی
تمہیں مل گیا ٹھکانا، ہمیں موت بھی نہ آئی

او دور کے مسافر ہم کو بھی ساتھ لے لے رے
ہم کو بھی ساتھ لے لے
ہم رہ گئے اکیلے
او دور کے مسافر

تو نے وہ دے دیا غم
بے موت مر گئے ہم
دل اٹھ گیا جہاں سے

لے چل ہمیں یہاں سے
لے چل ہمیں یہاں سے
کس کام کی یہ دنیا جو زندگی سے کھیلے رے
ہم کو بھی ساتھ لے لے، ہم رہ گئے اکیلے

سونی ہیں دل کی راہیں
خاموش ہیں نگاہیں
ناکام حسرتوں کا
اٹھنے کو ہے جنازہ
اٹھنے کو ہے جنازہ
چاروں طرف لگے ہیں بربادیوں کے میلے رے
ہم کو بھی ساتھ لے لے، ہم رہ گئے اکیلے

او دور کے مسافر ہم کو بھی ساتھ لے لے رے
ہم کو بھی ساتھ لے لے

ہم رہ گئے اکیلے

★★★

بے داغ

موسیقار : روشن

آوازیں : رفیع، سمن کلیان پور

رفیع : میں نے اے جان وفا تم سے محبت کی ہے
تم نے اک درد مجھے دے کے قیامت کی ہے

سمن : اس بھروسے پہ کہ مل جائے سہارا مجھ کو
تم پہ قربان
تم پہ قربان
دل و جان کی دولت کی ہے
میں نے اے جان وفا۔۔۔۔۔

رفیع : حسن صدقے ہو کسی پر یہ کہاں ممکن تھا

حسن صدقے ہو کسی پر یہ کہاں ممکن تھا

تم نے مجھ پر

تم نے مجھ پر میرا دل لے کے عنایت کی ہے

میں نے اے جان وفا۔۔۔۔۔۔

سمن : دل جو اپنا تھا کبھی آج تمہارا ہے صنم

دل جو اپنا تھا کبھی آج تمہارا ہے صنم

یہ تمہاری ہی

یہ تمہاری ہی نگاہوں نے شرارت کی ہے

دونوں : میں نے اے جان وفا۔۔۔۔۔۔

***

آدمی

موسیقار: نوشاد

آواز: محمد رفیع

آج پرانی راہوں سے
کوئی مجھے آواز نہ دے
درد میں ڈوبے گیت نہ دے، غم کا سسکتا ساز نہ دے

بیتے دنوں کی یاد تھی جن میں، میں وہ ترانے بھول چکا
آج نئی منزل ہے میری، کل کے ٹھکانے بھول چکا
نہ وہ دل نہ صنم، نہ وہ دین دھرم
اب دور ہوں، سارے گناہوں سے
آج پرانی راہوں سے

کوئی مجھے آواز نہ دے

جیون بدلا دنیا بدلی، من کو انوکھا گیان ملا
آج مجھے اپنے ہی دل میں، ایک نیا انسان ملا
پہنچا ہوں، وہاں، نہیں دور جہاں، بھگوان کی نیک نگاہوں سے
آج پرانی راہوں سے
کوئی مجھے آواز نہ دے

ٹوٹ چکے سب پیار کے بندھن، آج کوئی زنجیر نہیں
شیشۂ دل میں ارمانوں کی، آج کوئی تصویر نہیں
اب شاد ہوں، میں، آزاد ہوں، میں، کچھ کام نہیں ہے آہوں سے
آج پرانی راہوں سے
کوئی مجھے آواز نہ دے
***

بن بادل برسات

موسیقار : ہیمنت کمار

آواز : ہیمنت کمار

جب جاگ اٹھیں ارمان تو کیسے نیند آئے
ہو گھر میں حسیں مہمان تو کیسے نیند آئے ، نیند آئے
جب جاگ اٹھیں ارمان تو کیسے نیند آئے

یہ رات یہ دل کی دھڑکن یہ بڑھتی ہوئی بیتابی
اک جام کی خاطر جیسے بے چین ہو کوئی شرابی
یہ رات یہ دل کی دھڑکن یہ بڑھتی ہوئی بیتابی
اک جام کی خاطر جیسے بے چین ہو کوئی شرابی

شعلوں میں گھری ہو جان تو کیسے نیند آئے
جب جاگ اٹھیں ارمان تو کیسے نیند آئے

نزدیک بہت ہے منزل پھر بھی ہے غضب کی دوری
اے دل یہ تو ہی بتلا دے یہ کون سی ہے مجبوری
نزدیک بہت ہے منزل پھر بھی ہے غضب کی دوری
اے دل یہ تو ہی بتلا دے یہ کون سی ہے مجبوری
جب سوچ میں ہو انسان تو کیسے نیند آئے
ہو گھر میں حسیں مہمان تو کیسے نیند آئے، نیند آئے
جب جاگ اٹھیں ارمان تو کیسے نیند آئے
نیند آئے

***

داستان

موسیقار : نوشاد

آواز : ثریا

محبت بڑھا کر جدا ہو گئے
نہ سوچا نہ سمجھا خفا ہو گئے
محبت بڑھا کر جدا ہو گئے

وفاؤں کا بدلا ستم سے دیا
ستم سے دیا
گھڑی بھر میں تم کیا سے کیا ہو گئے
محبت بڑھا کر جدا ہو گئے

زمانہ میں کس کو ہم اپنا کہے

ہم اپنا کہے

ارے جب تمھیں بے وفا ہو گئے

محبت بڑھا کر جدا ہو گئے

***